17 novembre 1896

Vente ROUX et BRUNET

1° Les Mardi 17, Mercredi 18 et Jeudi 19 Novembre 1896
2° Les Mardi 24, Mercredi 25 et Jeudi 26 Novembre 1896

A DEUX HEURES PRÉCISES

20, RUE DE LA PERLE, 20

MODÈLES

POUR

BRONZES & ÉBÉNISTERIE D'ART

Avec droit de reproduction

PROVENANT

De la Maison ROUX et BRUNET

Fabricants de Bronzes et d'Ébénisterie d'Art

PAR SUITE DE FIN D'ASSOCIATION

EXPOSITIONS PUBLIQUES

1° Les Dimanche 15 et Lundi 16 Novembre 1896
2° Les Dimanche 22 et Lundi 23 Novembre 1896

DE 10 HEURES DU MATIN A 4 HEURES DU SOIR

COMMISSAIRE-PRISEUR

Mᵉ Frédéric LECOCQ

Rue Richer, 41

EXPERTS

M. A. DACHERY	M. LE MAIRE DEMOUY
7, Rue des Filles-du-Calvaire	Rue de l'Université, 10

PARIS 1896

IMPRIMERIE MAULDE ET RENOU

MAULDE, DOUMENC & Cie

IMPRIMEURS DE LA COMPAGNIE DES COMMISSAIRES-PRISEURS

Rue de Rivoli, 144. — Paris

CATALOGUE

DES

MODÈLES

POUR

BRONZES & ÉBÉNISTERIE D'ART

Avec droit de reproduction

Garnitures de cheminée, Flambeaux, Bouts-de-Table
Candélabres, Girandoles, Pendules
Cartels, Régulateurs, Groupes, Statuettes, Torchères, Bras, Chenets
Tables, Bureaux, Commodes, Consoles
Meubles d'appui, Vitrines, Gaines, Montures pour porcelaine

PROVENANT

De la Maison ROUX et BRUNET

Fabricants de Bronzes et d'Ébénisterie d'Art

PAR SUITE DE FIN D'ASSOCIATION

Dont la Vente aux enchères publiques aura lieu

20, RUE DE LA PERLE, 20

1° Les Mardi 17, Mercredi 18 et Jeudi 19 Novembre 1896

2° Les Mardi 24, Mercredi 25 et Jeudi 26 Novembre 1896

A **DEUX** HEURES **PRÉCISES**

COMMISSAIRE-PRISEUR

Me Frédéric LECOCQ

Rue Richer, 41

EXPERTS

M. A. DACHERY	M. LE MAIRE DEMOUY
7, Rue des Filles-du-Calvaire	Rue de l'Université, 10

EXPOSITIONS PUBLIQUES

1° Les Dimanche 15 et Lundi 16 Novembre 1896

2° Les Dimanche 22 et Lundi 23 Novembre 1896

DE 10 HEURES DU MATIN A 4 HEURES DU SOIR

TABLE

PREMIÈRE VENTE

DEUXIÈME VENTE

CONDITIONS DE LA VENTE

Elle sera faite **au comptant.**

Les Acquéreurs paieront **cinq pour cent** en sus du prix d'adjudication.

Ils seront tenus de prendre la **Fonte brute** existant pour chaque modèle, au prix de **2 fr. 50 le kilogramme.**

Le **Poids de fonte** sera indiqué au moment de la mise en vente de chaque modèle.

La **livraison** mettant les acquéreurs à même de vérifier l'état des objets vendus, de même que les quantités ou poids énoncés, il ne sera admis aucune réclamation une fois la **livraison opérée.**

Maulde, Doumenc et Cie, imprimeurs de la Cie des Commissaires-Priseurs, rue de Rivoli, 144 800—62264

PREMIÈRE VENTE

DÉSIGNATION

MEUBLES DE SALON

1 — Meuble **Louis XIV,** genre Boulle, applique Enfant peinture.

2 — Meuble **Louis XIV,** genre Boulle, applique à tête d'Hercule.

3 — Meuble **Louis XIV** de Boulle, médaillon de Marie-Thérèse.

4 — Meuble **Louis XIV** de Boulle, bas-relief Bacchus.

5 — Meuble **Louis XIV,** genre Boulle, grand médaillon le Prisonnier.

6 — Meuble **Louis XIV** de Boulle.

Musée du Louvre.

7 — Petit Meuble **Louis XIV,** à tiroirs, chute tête de Faune.

8 — Meuble **Louis XIV,** genre Boulle, appliques Enfants, les Arts.

9 — Meuble **Louis XIV,** à vitrine, Sabot pied de biche.

10 — Meuble d'appui **Louis XIV** pour marqueterie, applique tête de Femme à coquille.

11 — Grand Meuble **Louis XIV** de Boulle, médaillon grand Condé.

12 — Meuble **Louis XIV** de Boulle, Été et Hiver.

13 — Meuble d'appui **Louis XIV,** à grand médaillon : Enlèvement des Sabines. Deux planches.

14 — Meuble **Louis XIV,** genre Boulle, tête de Satyre à épis.

15 — Meuble d'appui **Louis XIV,** tête de Faune, couronne Chêne et Laurier.

16 — Meuble d'appui à trois portes, style **Louis XIV,** grand Sabot à tête de lion.

17 — Meuble **Louis XIV** à deux portes, cadres à médaillon.

18 — Meuble **Louis XIV,** genre Boulle, socle à Vase brûle-parfums.

19 — Meuble **Louis XIV,** médaillons Printemps et Automne.

20 — Meuble d'appui **Louis XIV,** chute Enfant coquille.

21 — Meuble **Louis XIV,** genre Boulle, cadre à roseaux, médaillon Minerve.

22 — Meuble vitrine **Louis XIV,** médaillon Astronome.

23 — Grand Meuble **Louis XIV,** genre Boulle, grand médaillon Minerve.

24 — Meuble **Louis XIV,** genre Boulle, chute à Syrènes.

25 — Meuble **Louis XIV,** genre Boulle, chute à Enfants.

26 — Meuble **Louis XIV,** genre Boulle, applique à Sablier.

27 — Meuble d'appui **Louis XIV,** à gaîne d'Enfants et applique roseaux.

28 — Meuble d'appui **Louis XIV,** chute de Fleurs.

29 — Grand Meuble **Louis XIV,** appliques à trophée : Les Arts et les Sciences.

30 — Meuble **Louis XIV,** genre Boulle, Tête à palmette.

31 — Meuble vitrine **Régence,** Moulure à baguettes et feuilles.

32 — Meuble **Louis XV,** marqueterie, encadrement à consoles, chutes de roses.

33 — Grand Meuble **Louis XV** à cartonnier et fronton à pendule. Trois planches.

34 — Grand Meuble **Louis XV,** à encadrement double, chute Femmes corset, partie et contre-partie. Deux planches.

35 — Meuble à deux portes **Louis XVI,** Médaillons **Louis XVI.**

Par CLODION.

36 — Petit Meuble **Louis XVI,** applique vase à fleurs et têtes de bélier.

37 — Petit Meuble **Louis XVI**, chute Fleurs de lys.

38 — Petit Meuble **Louis XVI,** frise ovale à culots.

39 — Meuble d'appui **Louis XVI,** cariatide Femme.

Musée du Louvre.

40 — Petit Meuble **Louis XVI,** bas-relief Faunillon et Bacchante.

41 — Meuble **Louis XVI** à médaillon de CLODION, chute Enfants, partie et contre-partie.

42 — Grand Meuble d'appui **Louis XVI,** applique oiseaux, carquois et flambleaux, incomplet.

Musée du Louvre.

43 — Meuble d'appui **Louis XVI,** frise feuilles et épis.

44 — Meuble **Louis XVI,** marqueterie à chute, tête de Femme drapée.

45 — Meuble à cigares **Louis XVI.**

Collection JONES JONES, South Kensington.

46 — Un grand Meuble **Louis XVI,** à deux portes, Peinture et Géographie. Deux planches.

47 — Meuble **Louis XVI,** à frise, laurier courant.

48 — Grand Meuble **Louis XVI,** frises à roses.

49 — Petit Meuble vitrine **Louis XVI,** frise à vase.

50 — Meuble **Louis XVI**, à poignée, Corne d'abondance.

51 — Crédence **Louis XVI,** pied gaine : Homme et Femme et plâtre bronze.

52 — Meuble d'appui **Louis XVI,** à marqueterie, chute à guirlandes de laurier.

53 — Meuble **Louis XVI,** à trois portes, frise à chèvres.

Musée du Louvre.

54 — Petit **Meuble** d'appui, porte à médaillon, trois Grâces.

55 — Petit Meuble **Louis XVI,** écusson à palmes.

56 — Meuble d'appui, deux portes, à médaillons.

Par Clodion.

57 — **Meuble** d'appui, grands médaillons de Clodion.

58 — Grand **Meuble** d'appui, à gaine : Têtes de Gaulois.

59 — Meuble-Vitrine, frise à Griffons.

60 — Meuble **Louis XVI**, applique : Trophée de Musique.

61 — Grand Meuble de salon **Empire,** gaine à tête de Femme, bas-reliefs : Génies ailés.

Fondu sur ancien.

62 — Meuble de salon **Empire,** pilastre : tête d'Egyptienne, applique Bouclier : Lion et Rinceaux, médaillon : Napoléon et Marie-Louise.

63 — Meuble de salon **Empire,** à bas-relief : Psyché et l'Amour.

Fondu sur ancien.

64 — Petit Meuble **Empire,** à pilastre, tête de femme, applique, guirlande et amour.

65 — Petit Meuble **Empire,** à pilastre : tête d'Égyptienne.

66 — Meuble-Secrétaire **Empire,** à pendule, couronnement : Buste de Napoléon Ier.

Château de Compiègne.

67 — **Grande décoration pour salon,** comprenant :

Deux planches, pilastre, grand motif médaillon et lauriers.

Une planche, applique, flamme, couronnes et frises.

Une planche, garniture de pilastres, à tore de lauriers.

Une planche, motifs pour panneaux : Aigle, Thyrse, etc.

Une planche, guirlande et médaillon.

Une planche, moulures diverses.

Une planche, culots, rosaces et appliques.

TABLES & GUÉRIDONS

68 — Grande Table **Louis XIV,** à huit pieds : Dépouille de Lion, deux planches.

Château de Versailles.

69 — Table **Louis XIV,** chute : tête de Femme, collerette, à godrons.

70 — Table **Louis XIV,** genre Boulle, chute tête à diadème.

71 — Table **Louis XIV,** genre Boulle, applique tête d'ange.

72 — Table **Louis XIV,** genre Boulle, chute à tête d'homme, à plumet.

73 — Table **Louis XIV,** chute tête de femme, cadre lambrequin.

74 — Table **Louis XV,** dite des filles du Roi.

Collection Double.

75 — Table **Louis XV,** à coulisse.

Collection J. Jones.

76 — Petite Table **Louis XV,** applique pastorale.

77 — Petite Table **Louis XV,** chute tête d'homme à feuilles.

78 — Petite Table **Louis XV,** chute à rosace.

79 — Table **Louis XVI** : les Muses.

Par Riesener.
Mobilier national.

80 — Grande Table **Louis XVI,** bas-relief : les Sciences et les Arts.

Château de Saint-Cloud.

81 — Table **Louis XVI,** à chute fleurs, pieds à huit pans.

Mobilier national.

82 — Petite Table tricoteuse **Louis XVI,** dite de Marie-Antoinette.

83 — Petite Table **Louis XVI,** entrée à enfants et chutes guirlandes de fleurs.

Mobilier national.

84 — Petite Table **Louis XVI,** carrée, frise à trous.

Par Riesener.

85 — Petite Table **Louis XVI,** à cariatides femmes, entrejambe à corbeille.

Mobilier national.

86 — Petite Table **Louis XVI,** sabot, feuilles et fleurs.

87 — Petite Table **Louis XVI,** galerie, rinceaux et lauriers.

88 — Petite Table **Louis XVI,** chute à culots et frise porte.

89 — Petite Table **Louis XVI,** frise, panier de fleurs et rinceaux.

90 — Table **Empire,** pied carré à tête d'homme ailé, applique char traîné par des lions.

91 — Guéridon **Louis XVI,** à colonne et corbeille.

92 — Guéridon **Empire,** bas-relief: Danse des Nymphes. Fondu sur ancien.

93 — Guéridon **Empire,** à pied griffon ailé, en bronze. Fondu sur ancien.

VITRINES

94 — Grande Vitrine **Louis XIV,** chutes faune et faunesse.

95 — Vitrine **Louis XIV,** deux portes, tiroir à tête de femme.

96 — Vitrine **Louis XIV,** genre Boulle, chute tête de femme à laurier.

97 — Grande Vitrine **Louis XIV,** à fronton, deux Enfants. Deux planches.

98 — Vitrine **Régence,** à chute tête d'ange. Partie et contrepartie.

99 — Grande Vitrine **Louis XV,** gaine figures d'homme et de femme, d'après la cheminée de Versailles. Deux planches.

100 — Grande Vitrine **Louis XV,** à chute enfant cariatide.

101 — Grande Vitrine **Louis XV,** forme crédenc fronton tête de négresse.

102 — Grande Vitrine **Louis XV**, chute à cornet fruits. Deux planches.

103 — Vitrine **Louis XV,** à cadre et chute tê d'enfants souffleurs.

104 — Vitrine **Louis XV,** chute à tête de femme casque.

105 — Vitrine **Louis XV,** applique de socle roc

106 — Vitrine **Louis XV,** chutes plates à fleurs.

Partie et contrepartie.

107 — Vitrine **Louis XV,** à fronton, coquillage.

108 — Vitrine **Louis XV**, à cadres rocaille.

109 — Petite Vitrine **Louis XV,** socle à tête d'homme.

110 — Petite Vitrine **Louis XV,** à chute tête de Folie.

111 — Grande Vitrine **Louis XVI,** à crédence, pied à gaine, homme et femme.

112 — Vitrine **Louis XVI,** à deux portes, guirlandes de fruits.

Vente Dasson.

113 — Une grande Vitrine **Louis XVI,** à cartouche.

114 — Petite Vitrine **Louis XVI,** à fronton carquois.

115 — Petite Vitrine **Louis XVI,** chute à jours, guirlandes de laurier.

116 — Petite Vitrine **Louis XVI,** frise à rosace.

117 — Vitrine ovale **Louis XVI.**

CONSOLES ET ENCOIGNURES

118 — Grande Console **Louis XIV,** à chute femme ailée et encadrement à feuilles, deux planches.

119 — Console **Louis XIV,** à chute, tête vieillard et griffe de lion.

120 — Console **Louis XIV,** genre Boulle, rosace à côtes et tigettes.

121 — Console **Louis XIV,** à tiroirs avec lambrequin.

122 — Console **Louis XIV,** genre Boulle, applique à tête de lion.

123 — Console **Empire,** à chapiteau à têtes d'aigle.

Fondu sur ancien.

124 — Console **Empire,** applique tête de Méduse.

Fondu sur ancien.

125 — Encoignure **Louis XIV,** attributs guerriers.

126 — Encoignure **Louis XV,** à roseaux.

GAINES ET JARDINIÈRES

127 — Grande Gaine **Louis XIV**, de BOULLE.
Mobilier national.

128 — Grande Gaine à figure, partie et contrepartie, pour cheminée **Louis XIV**.
Vente LANGUEREAU.
Cheminée de Versailles.

129 — Grande Gaine **Louis XIV**, genre Boulle, applique tête à quadrillé.

130 — Gaine **Louis XIV**, genre Boulle, à lambrequin, tête d'homme.

131 — Gaine **Louis XIV**, genre Boulle, attributs d'Hercule.

132 — Grande Gaine de régulateur **Louis XV**.
Conservatoire des Arts-et-Métiers.

133 — Grande Gaine à horloge **Louis XVI**, enfants, nuage, trois planches.
Musée du Louvre.

134 — Gaine de style **Empire**, à aigle formant support, bas-reliefs griffons.

135 — Jardinière **Louis XIV**, genre Boule, galerie entrelacée.

136 — Jardinière carrée **Louis XVI**, sur quatre pieds, décoration rinceaux.

137 — Jardinière **Louis XVI,** sur pieds à gaine carrée.

Collection Richard WALLACE.

138 — Jardinière **Empire**, à colonne, applique char de Diane.

BUREAUX

139 — Grand Bureau **Louis XIV,** à chute, gaine de femme.

Ministère des Finances.

140 — Grand Bureau **Louis XIV,** à masque de satyre, deux planches.

141 — Grand Bureau **Louis XIV,** chute mazarine.

142 — Grand Bureau plat **Louis XIV**, tiroirs à cadre, chute, tête de femme à corset.

143 — Bureau **Louis XIV,** à bouquets de lumières.

144 — Bureau **Régence,** applique à contours et fleurs.

145 — Grand Bureau **Louis XV**, deux planches.

Ministère de la Justice.

146 — Grand Bureau **Louis XV,** chute à jours et à fleurs.

Collection JONES JONES, South Kensington.

147 — Grand Bureau **Louis XV,** à cylindre, et pendule, trois planches.

148 — Grand Bureau **Louis XV**, dessus casier à pendule, quatre planches.

149 — Bureau **Louis XV**, à cylindre marqueterie.

L'original appartenait à la reine Marie-Antoinette.

Collection Jones Jones, South Kensington.

150 — Bureau **Louis XV**, à cadres et poignées rocailles.

151 — Bureau **Louis XV**, vernis Martin, à vitrine supérieure.

152 — Bureau **Louis XV**, à dos d'âne, cadre feuilles de chêne.

153 — Bureau **Louis XV**, applique tête d'enfant, chute, femme formant gaine.

154 — Bureau **Louis XV**, cornets à godrons.

155 — Bureau **Louis XV**, rocaille à poignée coquille.

156 — Bureau **Louis XV**, à cornets, feuilles d'acanthe.

157 — Bureau plat **Louis XV**, à chute de roses.

158 — Petit Bureau **Louis XV**, à dos d'âne, applique, Instruments de musique.

159 — Petit Bureau **Louis XV**, chute à jours, cadre double rocaille.

160 — Petit Bureau **Louis XV**, à cadre feuillages et graines.

161 — Grand Bureau **Louis XVI**, à cylindre, à bouquet de lumières, branches torses. Deux planches.

162 — Bureau plat **Louis XVI,**

Par Riesener. Mobilier national.

163 — Petit Bureau **Louis XVI,** pour dame à marqueterie.

Collection Jones Jones, South Kensington.

164 — Bureau **Louis XVI,** pieds à gaine carrée, applique à thyrse lierre.

165 — Bureau **Louis XVI,** à cylindre, galerie lyre.

166 — Petit Bureau **Louis XVI,** pied gaine carrée à lambrequin.

167 — Bureau **Louis XVI,** à cylindre, avec enfants porte-lumières.

168 — Bureau **Louis XVI,** à frise à postes.

169 — Petit Bureau **Louis XVI,** galerie arcades unies.

170 — Petit Bureau **Louis XVI,** à cylindre, grande feuille cintrée.

171 — Petit **Bonheur-du-Jour,** pilastre gaine de femme.

Collection Richard Wallace.

172 — Petit Bonheur-du-Jour **Louis XVI,** portes panneaux porcelaine de Sèvres.

173 — Petit Bonheur-du-Jour **Louis XVI,** chute couronne de roses et de laurier.

174 — Grand Bureau **Empire,** à pied griffon en bronze.

Fondu sur ancien.

175 — Bureau **Empire,** à pied carré, tête de femme, applique attributs guerriers.

Fondu sur ancien.

SECRÉTAIRES ET BIBLIOTHÈQUES

176 — Secrétaire **Louis XV,** cadres à feuilles entrelacées.

177 — Secrétaire **Louis XV,** forme violon.

Collection Jones Jones, South Kensington.

178 — Grand Secrétaire **Louis XVI,** à médaillons porcelaine.

Mobilier national.

179 — Petit Secrétaire **Louis XVI,** pour dame, médaillons porcelaine.

Collection Jones Jones.

180 — Petit Secrétaire **Louis XVI,** pilastre gaine à tigettes.

181 — Secrétaire **Empire,** chapiteau à aigle.

Château de Compiègne.

182 — Secrétaire **Empire,** bas-relief Renommée supportant une corbeille.

Fondu sur ancien.

183 — Grande Bibliothèque **Louis XVI,** à médaillons, deux planches.

Par Carrier-Belleuse.

184 — Bibliothèque **Louis XVI,** bas-relief enfants de CLODION : le Printemps et l'Hiver.

185 — Bibliothèque **Louis XVI,** frise à rosaces variées.

COMMODES ET CHIFFONNIERS

186 — Commode **Louis XIV**, à griffes de lion.

Mobilier national.

187 — Commode **Louis XIV**, de BOULLE.

Bibliothèque Mazarine.

188 — Commode **Louis XIV,** grosse tête de femme.

Fondu sur ancien.

189 — Commode **Louis XIV,** chute peau tirée.

Fondu sur ancien.

190 — Commode **Louis XIV**, de BOULLE, à patins forme toupie.

South Kensington.

191 — Grande Commode **Louis XIV,** chute tête de faune.

Fondu sur ancien.

192 — Petite Commode **Louis XIV,** chute à palmette.

193 — Commode à médaillier, de style **Régence**. Trois planches.

Bibliothèque nationale.

Bureau **Régence**, partie du modèle de la Commode ci-dessus. Quatre planches.

Meuble d'appui, partie du modèle de la Commode ci-dessus. Deux planches.

194 — Commode **Régence**, à chute tête de lion.

195 — Grande Commode **Louis XV**, à rinceaux feuillages, chutes, partie et contre-partie. Socle à enfant. Trois planches.

196 — Commode **Louis XV**, à gros rinceaux, chute têtes de femme, partie et contre-partie. Deux planches.

197 — Commode **Louis XV**, vernis martin.

Collection du mobilier national.

198 — Commode **Louis XV**, encadrement à chimères. Deux planches.

199 — Commode **Louis XV**, encadrement gros rinceaux, chute à tête de femme avec gaine à piastres. Deux planches.

200 — Commode **Louis XV**, rocaille, poignée tête de folie.

Fondu sur ancien.

201 — Commode **Louis XV**, laque de Coromandel.

202 — Commode **Louis XV**, à encadrement fleurs et chute fleurs.

203 — Commode **Louis XV**, à feuillages.

204 — Commode **Louis XV**, encadrement rocaille.

205 — Commode **Louis XV**, grand cadre, doubles rinceaux.

206 — Commode **Louis XV**, à rinceaux entrelacés.

207 — Petite Commode **Louis XV**.

208 — Chiffonnier **Louis XV**, applique tête de Bacchus.

209 — Grande Commode **Louis XVI**, des appartements du Pape. Deux planches.

Château de Fontainebleau.

210 — Commode **Louis XVI**, grosses chutes à culots. Deux planches.

Partie et contre-partie.

211 — Grande Commode de **Marie-Antoinette**.

Musée du Louvre.

212 — Commode **Louis XVI**, à panneau losange et frise, feuille entrelacée.

Mobilier national.

213 — Commode **Louis XVI**, chute dépouille de lion et frise, carquois.

214 — Commode **Louis XVI**, chute piastre à tête de faune.

Fondu sur ancien.

215 — Commode **Louis XVI**, chute à médaillon Hercule.

216 — Commode **Louis XVI,** à tablier et colonnes bronze.

Vente Lièvre.

217 — Commode **Louis XVI,** frise enfants, rinceaux et têtes d'aigle.

218 — Petite Commode **Louis XVI,** frise à entrelacs et tigettes.

219 — Commode **Empire,** pilastre à carquois et tête d'Égyptienne.

Fonte sur ancien.

220 — Chiffonnier **Empire**, entrée et poignées à cygnes.

TOILETTE, LITS ET TABLES DE NUIT

221 — Toilette à coiffes **Empire,** glace à deux faces, pied lyre et colonne bronze, à lumières.

Château de Compiègne.

222 — Toilette **Empire,** à glace, couronnement Amour.

223 — Grand Lit **Louis XVI,** à tête de sanglier.

224 — Grand Lit **Empire**, chapiteau carré à tête d'aigle et appliques à griffons.

Fondu sur ancien.

225 — Grand Lit **Empire,** bas-relief Renommée sur char.

Fondu sur ancien.

226 — Lit **Empire,** pilastre à cygne et tête de femme.

227 — Lit **Empire** à col de cygne, applique à Tourterelles.

Fondu sur ancien.

228 — **Table de nuit,** pilastre à tête d'Égyptienne, entrée cygnes.

Fondu sur ancien.

SIÈGES

229 — Grand Fauteuil **Empire,** à pied tête d'Hercule et dépouille de lion, dossier à laurier.

Salle du trône, château de Compiègne.

230 — Fauteuil **Empire**, bras à tête de bélier et griffes de lion.

Fondu sur ancien.

231 — Canapé **Empire,** à tête et griffes de lion.

232 — Chaise longue **Empire**, dite Recamier, col de cygne et frise.

233 — **Chaise** Gondole à tête de cygne.

234 — Méridienne **Empire** (Siège de repos), accotoir à feuilles et rosace.

235 — Banquette **Empire**, à tête de bélier et gaine femme ailée.

GROUPES ET STATUETTES

MODÈLES FONDUS SUR ANCIEN

236 — Statuette **Napoléon**.

237 — Statuette **Empire** : Apollon.
Fondu sur ancien.

238 — Deux Figures **Egyptiennes** pour candélabres.

239 — Deux Figures **Louis XV** pour cartel.

240 — Deux Figures d'**Enfants** pour petits candélabres.
Quatre Enfants pour couronnement de pendule.

241 — Deux Figures : **Flore et Zéphyr** pour pendule.

PENDULES, CARTELS ET RÉGULATEURS

242 — Grande Pendule **Louis XIII**, à colonne et socle sphynx.
Fondu sur ancien.

243 — Pendule **Régence** avec console pour marqueterie, applique femme aux fleurs.
Fondu sur ancien.

244 — Grande Pendule **Louis XIV** avec console, les Trois Parques.

Château de Pau.

245 — Pendule **Louis XIV**, à console chutes syrènes.

Fondu sur ancien.

246 — Pendule **Louis XIV**, le Temps.

Château de Versailles.

247 — Pendule **Louis XIV** avec socle, applique de femme et fronton à enfant.

Fondu sur ancien.

248 — Pendule **Louis XIV** pour marqueterie, Enfant studieux.

Fondu sur ancien.

249 — Pendule **Louis XIV** à console, fronton Enfant sur boule.

Fondu sur ancien.

250 — Pendule **Louis XIV**, genre Boulle, applique aigle.

Fondu sur ancien.

251 — Pendule **Louis XIV** à console, gaines figures de femme.

Fondu sur ancien.

252 — Grand Régulateur **Louis XIV**, lunette à dauphins.

Fondu sur ancien.

253 — Pendule **Louis XV,** pour vernis Martin, Flore et Pégase.

Fondu sur ancien.

254 — Grand Cartel **Louis XV** à rayons et enfants.

Fondu sur ancien.

255 — Grand Régulateur **Louis XV,** à chute tête de femme.

Fondu sur ancien.

256 — Pendule **Louis XVI** à cadran tournant, Enfants à rinceaux.

D'après Forty.

257 — Baromètre **Louis XVI.**

TORCHÈRES ET CANDÉLABRES

258 — Grande Torchère **Louis XV** à enfants, bouquets 18 lumières.

Par Germain.

259 — Grande Torchère **Louis XV,** bouquet à vase, 15 lumières.

Par Germain.

260 — Grand **Lampadaire** à lumières, pied à griffes.

261 — Grand Candélabre **Louis XVI,** à autruches.

Mobilier national.

Fondu sur ancien.

262 — Grands Candélabres **Empire,** à figures homme et femme et feuille de vigne. Deux planches.

Fondu sur ancien.

263 — Candélabre **Empire,** gaine à figure de femme ailée, 4 lumières.

Fondu sur ancien.

264 — Candélabre **Empire,** buste d'Esculape.

Fondu sur ancien.

265 — Candélabre **Empire** à 5 lumières, figure de femme ailée.

Fondu sur ancien.

FLAMBEAUX ET BOUTS-DE-TABLE

266 — Flambeau **Louis XVI**.

Château de Compiègne.

267 — Flambeau **Louis XVI,** à tête de lion et guirlandes de laurier.

Fondu sur ancien.

268 — Grand Flambeau **Louis XV**, trois enfants.

Par Caffieri.
Vente Dasson.

269 — Bout-de-Table **Louis XIV,** à 2 lumières.

270 — Bout-de-Table **Louis XV**, 2 lumières, pieds à personnages.

BRAS DE LUMIÈRES

271 — Bras **Régence** à 2 lumières, partie et contre-partie.

Fondu sur ancien.

272 — Grand Bras **Louis XV**. Deux planches.

Par Caffieri.
Château de Fontainebleau.

273 — Applique pour Bras **Louis XV**, monture porcelaine de Saxe.

Fondu sur ancien.

274 — Bras **Louis XVI** à tête de faune et tête d'aigle.

Fonte seulement.
Fondu sur ancien.

275 — Bras **Louis XVI** à cornet.

Vente Dasson.

276 — Bras de lumières tête de lion et flèches. Trois bougies.

Fondu sur ancien.

CHENETS

277 — Chenets **Régence** à dragons, sur socles à médaillon, partie et contre-partie.

Fondu sur ancien.

278 — Chenet **Régence**, deux syrènes, partie et contre-partie.

Fondu sur ancien.

279 — Chenets **rocaille** à enfants.

Fonte ancienne.

280 — Grands Chenets **lions** à draperies.

Fondu sur ancien.

281 — Grand Chenet **Louis XVI** à vase.

Mobilier national.

282 — Chenets **lion et pomme de pin**, partie et contre-partie.

Fondu sur ancien.

283 — Deux Lions de style **Empire** pour chenets.

La base se fait en uni.

Fondu sur ancien.

MONTURES POUR VASES

PORCELAINE OU MARBRERIE

284 — Monture pour vase **Louis XIV,** anse à tête de femme casquée, avec modèle plâtre.

285 — Pied et collets **Louis XIV** et **Louis XV**, pour vases.

286 — Monture **Régence,** pour vase marbre.

Par Germain

287 — Grande Monture **Louis XV,** pour vase à bouquet de lumières, anse à cornet, trois planches.

Par Germain.

288 — Grande Monture **Louis XV,** pour vase à bouquet de lumière, anse tête de négresse, deux planches.

Par Germain.

289 — Grande Monture **Louis XV,** pour vase avec bouquet et tête de faune, quatre planches.

Par Germain.

290 — Grande Monture **Louis XV,** à lumière pour vase porcelaine, pied peau tirée, deux planches.

291 — Grande Monture **Louis XV,** pour jardinière hexagone.

292 — Grande Monture **Louis XV,** à feuilles de chêne, pour potiche porcelaine.

293 — Grosse Monture **Louis XV,** pour vase, anse à volute.

294 — Grande Monture **Louis XV,** pour potiche, pied à griffes.

295 — Monture **Louis XV,** pour vase, anse à dragon.

296 — Monture **Louis XV,** pour vase, collet à coquille.

297 — Monture **Louis XV**, pour vase, collet à jour et fleurettes.

298 — Monture **Louis XV,** pour potiche, collet à jours.

299 — Monture **Louis XV,** pour soupière porcelaine, bouton à jours.

300 — Monture **Louis XV,** pour vase, collet galerie à rinceaux.

301 — Monture **Louis XV,** pour vase, anse feuilles de chêne et collet à jours.

302 — Monture **Louis XV,** pour grosse gourde porcelaine.

Par GERMAIN.

303 — Monture **Louis XV,** pour jardinière carrée.

Par GERMAIN.

304 — Monture **Louis XV,** pour vase, pied à Dauphin.

305 — Monture **Louis XV,** pour buire, anse roseaux et joncs.

Par FERVILLE-SUAN.

306 — Monture **Louis XV,** pour gourde porcelaine.

Par GERMAIN.

307 — Monture de vase **Louis XV,** pour porcelaine à pans, grande anse à feuilles de sauge.

308 — Monture de vase **Louis XV**, à collet et anses.

309 — Monture **Louis XV,** pour soupière Japon, anse feuilles plates.

310 — Monture **Louis XV,** pour vase porcelaine, anse palme et rubans.

Par GERMAIN.

311 — Petite Monture **Louis XV,** pour potiche, bouton à graines.

Par GERMAIN.

312 — Petite Monture **Louis XV,** pour vase, anse femme.

313 — Monture **Louis XV,** pour grand vase à six pans.

Par GERMAIN.

314 — Monture de vase **Louis XV,** à anses, pied médaillon et palmette.

315 — Monture **Louis XVI,** pour porcelaine, anse tête de femme et chutes, laurier pied quatre griffes.

Par GERMAIN.

316 — Monture **Louis XVI,** pour bouteille.

Par FERVILLE-SUAN.

317 — Monture **Louis XVI,** pour vase à tête de faune et pied à draperies.

Fondu sur ancien.

318 — Monture **Louis XVI,** pour vase marbrerie, pied à jours, quatre patins à feuilles.

319 — Grande Monture de style **Empire,** pour vase marbrerie, neuf figures détachées.

Fondu sur ancien.

CHEMINÉES

320 — Cheminée **Louis XVI,** à carquois, appartement de la reine.

Château de Fontainebleau.

321 — Cheminée **Louis XVI,** console, gaine femme.

322 — Cheminée **Empire,** à gaine égyptienne, chapiteau Ibis.

Fondu sur ancien.

323 — Garniture de cheminée **Empire,** pilastre statuette de femme, applique char antique.

DIVERS

324 — Brûle-Parfum **Louis XVI,** trépied à tête de faune.

Collection Richard WALLACE.

325 — Grande Cassolette **Louis XVI,** tête de bélier.

Pour marbrerie.

326 — **Aigle** pour couronnement de pendule ou de colonne.

Fondu sur ancien.

327 — Encriers **Louis XV.**

328 — Garniture de soufflet **Louis XVI**.

South Kensington.

329 — Grand Motif de décoration **Louis XVI**, à fleurs de lys.

330 — Grand Motif pour décoration de commode **Louis XV**.

331 — **Grande Chute**, feuille de chêne et tête de satyre pour pilastre.

332 — Grand Cadre **Louis XV**, pour miroir.

333 — Couronnement de meuble ou de pendule **Empire**, trophée guerrier et aigle.

PLANCHES DIVERSES

334 à 384 — Éléments **Louis XIV**.

385 à 435 — Éléments **Louis XV**.

435 à 485 — Éléments **Louis XVI**.

535 à 570 — Éléments **Empire**.

570 à 600 — Éléments **divers**.

DEUXIÈME VENTE

Les Mardi 24, Mercredi 25 et Jeudi 26 Novembre 1896

A DEUX HEURES PRÉCISES

EXPOSITION PUBLIQUE

Les Dimanche 22 et Lundi 23 Octobre

DE DIX HEURES A QUATRE HEURES

DEUXIÈME VENTE

DÉSIGNATION

MEUBLES DE SALON

600 — Grand Meuble **Louis XIV,** bas-relief : Bacchus.

601 — Meuble **Louis XIV,** applique à coquille.

602 — Meuble d'appui **Louis XIV,** tête et peau de lion.

603 — Meuble **Louis XIV,** de BOULLE, médaillon **Henri IV.**

904 — Meuble **Louis XIV,** à encadrement et applique : Enfants tritons.

605 — Meuble **Louis XIV,** genre Boulle, à chapiteau et cadres unis.

606 — Grand Meuble **Louis XIV,** genre Boulle, à gros bas-relief, figures homme et femme.

607 — Meuble **Louis XIV,** frise à feuilles.

608 — Grand Meuble **Louis XIV,** à chute, Bacchus et Bacchante.

609 — Meuble **Louis XIV**, à grand cadre palme.

610 — Meuble **Louis XIV,** pied à toupie.

611 — Meuble **Louis XIV,** genre Boulle, chapiteau ionique.

612 — Meuble d'appui **Louis XIV,** à cadre lobé.

613 — Meuble **Louis XIV,** genre Boulle, chapiteau à rosace.

614 — Meuble d'entre-deux **Louis XIV,** genre Boulle, à pilastre ionique.

615 — Meuble **Louis XIV**, genre Boulle, chute Faune et Bacchante.

616 — Meuble **Louis XIV,** genre Boulle, chute à gaine de femme.

617 — Meuble **Louis XIV,** genre Boulle, chute à tête de Neptune.

618 — Meuble **Louis XIV,** genre Boulle, à pilastre.

619 — Meuble **Louis XIV,** chute femme, attributs chasse.

620 — Meuble **Louis XIV,** chute deux enfants maraudeurs.

621 — Meuble d'appui **Louis XIV,** chute cariatide, femmes drapées.

622 — Grand Meuble **Louis XIV,** marqueterie genre Boulle, applique France et Espagne. Deux planches.

623 — Meuble **Louis XIV,** à chute gaine, homme et femme.

624 — Meuble **Louis XIV,** genre Boulle, chute Faune et Faunesse.

625 — Meuble d'appui **Louis XIV,** à une porte, grand cadre à enfants.

626 — Meuble **Louis XIV,** à chute gaine femme, Printemps et Automne.

627 — Meuble **Louis XIV,** genre Boulle, chute enfant, coquille.

628 — Meuble **Louis XV,** forme crédence, chute tête de Satyre, à longue feuille.

629 — Petit Meuble **Louis XV,** à mascarons, tête d'homme et tête de femme.

630 — Meuble Vitrine **Louis XV,** à trois portes, chute à fleurs.

631 — Meuble-Vitrine **Louis XVI,** à frises, postes.

632 — Meuble d'appui **Louis XVI,** poignée à draperies.

633 — Meuble **Louis XVI,** à large frise.

634 — Meuble **Louis XVI,** à deux corps et pans coupés.

635 — Meuble **Louis XVI,** à crédence. Trois planches.

Vente Lièvre.

636 — Meuble **Louis XVI**, à grand écusson palmé.

Vente Lièvre.

637 — Meuble d'appui **Louis XVI**, médaillon tête de femme et rinceaux formant écoinçons.

Vente Lièvre.

638 — Meuble crédence **Louis XVI**, médaillon et grande console unie.

Vente Lièvre.

638 *bis* — **Meuble-Vitrine**, à deux corps, médaillon, danseuses.

Par Carrier-Belleuse.

639 — Meuble d'appui **Louis XVI**, médaillon, enfants, Été et Hiver.

640 — Petit Meuble **Louis XVI**, à frise lambrequin.

641 — Petit Meuble **Louis XVI**, frise à médaillon, tête de femme.

642 — Meuble d'appui **Louis XVI**, enfants rinceaux. Partie et contrepartie.

643 — Meuble d'appui **Louis XVI**, porte à médaillon.

644 — Meuble d'appui **Louis XVI**, deux portes, chapiteau guirlande draperies.

645 — Meuble-Vitrine **Louis XVI**, grande frise à enfants.

646 — Petit Meuble d'appui **Louis XVI**, entrée à aigles.

647 — Petit Meuble **Louis XVI**, applique à culots.

648 — Meuble d'appui **Louis XVI,** à médaillon, têtes de femmes.

649 — Meuble **Louis XVI,** applique enfants, rinceaux et serpents.

650 — Meuble d'appui **Louis XVI,** cadre à feuilles.

651 — Meuble **Louis XVI**, à deux vitrines, chute gaine homme et femme, à tête de bélier.

652 — Meuble **Louis XVI**, à deux corps, formant vitrine, à colonne bronze.

653 — Meuble à deux corps **Louis XVI**.

Médaillons par Clodion.

654 — Meuble **Louis XVI,** applique corbeille de fleurs.

655 — Meuble d'appui **Louis XVI,** porte à médaillon.

656 — Meuble **chinois,** à étagères.

657 — Petit Meuble **Empire**, pilastre, torse de femme, applique Centaures.

Fondu sur ancien.

658 — Meuble d'appui **Empire,** bas-relief Triomphateurs, applique à foudres.

Fondu sur ancien.

659 — Meuble de salon **Empire**, à chapiteau pilastre, bas-relief Astronome.

660 — Grand Meuble **Républicain,** vitrine à crédence, peinture allégorique, Liberté, Égalité, Fraternité.

Modèle plâtre.

661 — Grand Meuble de salon **Empire,** bas-relief Lions à la fontaine.

Fondu sur ancien.

662 — Meuble d'appui **Empire,** à chapiteau engagé, tête d'aigle, applique : Le Temps passant l'Amour.

TABLES ET GUÉRIDONS

663 — Table **Louis XIV**, genre Boulle, chute femme à collerette.

664 — Petite Table **Louis XIV**, à chute tête de faune, tirette à crochet.

665 — Petite Table **Louis XIV,** chute tête d'Indien.

666 — Table **Louis XIV,** tiroir à lambrequin.

667 — Table **Louis XIV,** genre Boulle, dessus moulure à godrons.

668 — Une Table **Louis XV,** chute et cornet à fleurs.

669 — Petite Table **Louis XV,** applique à coquille.

670 — Petite Table **Louis XV,** applique : La Moisson.

671 — Petite Table **Louis XV,** galerie, entrelacs, fleurs.

672 — Petite Table **Louis XV**, petits cadres.

673 — Petite Table **Louis XVI,** marqueterie.

Musée du Louvre.

674 — Petite Table-Commode **Louis XVI.**
Collection JONES JONES, South Kensington.

675 — Table-Vitrine **Louis XVI,** pied gaine carrée.

676 — Petite Table **Louis XVI,** à guirlandes de fleurs et médaillon Enfants lutteurs.

677 — Petite Table ovale **Louis XVI,** à chute feuille.

678 — Petite Table **Louis XVI,** à frise panier de fleurs.

679 — Petite Table **Louis XVI,** à chute tête de faune.

680 — Petite Table **Louis XVI,** frise femmes à rinceaux.

681 — Petite Table **Louis XVI,** pied gaine carrée, frise Enfants, cors de chasse.

682 — Petite Table **Louis XVI,** forme rognon.

683 — Guéridon **Empire,** de forme triangulaire, pied à Lionne.

684 — Guéridon **Empire,** à grosses griffes de Lyon.

VITRINES

685 — Vitrine **Louis XIV**, gaine Femme et Frise trous.

686 — Vitrine **Louis XIV**, à chute Tête de Femme.

687 — Grande Vitrine **Louis XIV,** à trois portes, chute Enfant cariatide.

687*bis* — Vitrine **Louis XV,** à chute Palmettes.

688 — Grande Vitrine **Louis XV,** à deux portes, encadrement fleurs et feuilles.

689 — Grande Vitrine **Louis XV**, à trois portes, fronton rocaille.

690 — Grande Vitrine **Louis XV**, fronton à modillon.

691 — Vitrine **Louis XV**, à entrée vase fleurs.

692 — Vitrine **Louis XV**, chaise à porteur.

693 — Vitrine **Louis XV**, encadrement à baguettes.

694 — Vitrine credence **Louis XV**, galerie à rinceaux.

695 — Vitrine **Louis XV**. à gros rinceaux.

696 — Vitrine **Louis XV**, grand encadrement à feuilles.

697 — Vitrine **Louis XV**, à crédence.

698 — Petite Vitrine « Jouet » **Louis XV**, à encadrement têtes de femme et d'homme.

699 — Vitrine **Louis XV**, chute tête de Neptune.

700 — Vitrine **Louis XVI**, frise à entrelacs.

701 — Vitrine **Louis XVI**, à tiroir, frise à cossa.

702 — Vitrine **Louis XVI**. ovale

703 — Petite Vitrine **Louis XVI,** chute à rinceaux entrelacés.

704 — Vitrine **Louis XVI**, pied à carquois.

705 — Vitrine **Louis XVI**, porte cintrée.

706 — Étagère **Louis XVI**, à colonne, forme ronde.

707 — Étagère **Louis XVI**, ovale.

CONSOLES ET ENCOIGNURES

708 — Console **Louis XIV**, à gaine de femme ailée.

709 — Console **Louis XIV**, applique à tête.

710 — Console **Louis XIV**, chute femme et rosace à godrons.

711 — Console **Louis XIV**, genre Boulle, applique tête de Méduse.

712 — Console **Louis XIV**, à grande chute tête de chien et vase.

713 — Grande Console **Louis XIV**, applique Enfants et Bélier.

714 — Console **Empire**, bas-relief : Renommée à draperie.

715 — Encoignure **Louis XVI**, frise à rosaces tournantes.

716 — Encoignure **Louis XVI**, panneau laqué.

Musée du Louvre.

717 — Encoignure **Empire**, à bas-relief : Coupe et Serpents.

GAINES

718 — Gaine **Louis XIV,** genre Boulle, grosse griffe de lion.

719 — Gaine **Louis XIV**, genre Boulle, chute tête de faune à plumes.

720 — Gaine **Louis XIV**, genre Boulle, ceinture à draperies.

721 — Gaine **Louis XIV**, genre Boulle, applique tête de femme ailée.

722 — Gaine **Louis XIV**, genre Boulle, frise feuille et fleurs.

723 — Gaine **Louis XIV**, genre Boulle, griffe de lion.

BUREAUX

724 — Bureau semainier **Louis XIV**, genre Boulle, à huit pieds.

725 — Grand Bureau **Louis XIV**, cornets godrons à culots.

726 — Bureau **Louis XIV**, genre Boulle, à chutes tête femme.

Partie et contre-partie.

727 — Bureau plat **Louis XIV**, à tête d'Hercule.

728 — Bureau **Louis XV**, marqueterie bois.

Collection J. Jones, South Kensington.

729 — Grand Bureau **Louis XV**, à rinceaux roseaux, chute enfant.

730 — Grand Bureau **Louis XV**, cadre à écusson.

731 — Bureau **Louis XV**, chute quadrillé à rosaces.

732 — Bureau plat **Louis XV**, encadrement gros feuillages.

733 — Bureau plat **Louis XV**. cornets à rubans.

734 — Bureau plat **Louis XV**, genouillère à culots tombant.

735 — Bureau **Louis XV**, à dos d'âne, chute plate.

736 — Bureau **Louis XV**, à cylindre, poignée écusson à crochet.

737 — Bureau **Louis XV**, écoinçons à rinceaux.

738 — Bureau **Louis XV**, chute tenant au sabot.

739 — Bureau **Louis XV**, à dos d'âne, applique à modillons.

740 — Bureau **Louis XV**, cadres à poignée.

741 — Bureau **Louis XV**, sabot à oves.

742 — Petit Bureau **Louis XV**, cadre simple à feuilles.

743 — Petit Bureau **Louis XV**, cadre à gorges unies.

744 — Bureau **Louis XVI**, Bonheur-du-Jour.

Collection Richard WALLACE.

745 — Grand Bureau **Louis XVI**, à cylindre, chute tête de femme à casque.

746 — Bureau **Louis XVI**, grosse poignée feuilles.

747 — Bureau **Louis XVI**, à cornets feuilles et graines.

748 — Bureau **Louis XVI**, à cylindre, genouillère tête de bélier.

749 — Bureau **Louis XVI**, cinq tiroirs, pied à gaine carée.

750 — Petit Bureau **Louis XVI**, bas-relief sanglier.

751 — Petit Bureau **Louis XVI** pour dame, galerie à draperies.

752 — Petit Bureau **Louis XVI**, entrée écusson à laurier.

753 — Bonheur-du-Jour **Louis XVI** à deux corps, chute à tête de lion.

754 — Bonheur-du-Jour à **médaillons**.

755 — Bureau **Empire**, pieds ronds à tête ailée, bas-reliefs cygnes.

Fondu sur ancien.

756 — Bureau à casier et galeries de style **Empire**, pied à console et griffe.

Fondu sur ancien.

SECRÉTAIRES ET BIBLIOTHÈQUES

757 — Secrétaire **Louis XV**, à panier fleuri.

758 — Secrétaire **Louis XV**, chutes à tête de femme. Partie et contrepartie.

759 — Secrétaire **Louis XVI**, à chute, tête de femme.

760 — Secrétaire **Louis XVI**, chute à guirlande de fleurs.

761 — Secrétaire **Empire**, à semainier, bas-relief : Astronomie.

762 — Secrétaire **Empire**, bas-relief : Danseuses et Char antique.

763 — Grande Bibliothèque **Louis XVI**, fronton et écusson, frises de roses.

764 — Bibliothèque **Louis XVI**, à médaillon : Leçon de Danse.

765 — Grande Bibliothèque **Louis XVI**, applique femmes à rinceaux, médaillon de Carrier-Belleuse et couronnement à enfants, trois planches.

766 — Bibliothèque **Louis XVI**, fronton tourterelle.

COMMODES

767 — Commode **Louis XIV**, à patin tête de lion.

768 — Commode **Louis XIV**, à frise feuillages entrelacés.

769 — Commode **Louis XIV**, genre Boulle, applique tête de femme à guirlandes de laurier.

770 — Commode **Louis XIV**, à chute tête de femme ornée de plumes.

Partie et contrepartie.

771 — Commode **Louis XIV**, chute, tête d'homme avec fleurs et grande rosace.

772 — Commode **Louis XVI**, à chute, tête de guerrier.

773 — Grande Commode **Louis XV**, à grosse chute, tête de faune, deux planches.

774 — Commode **Louis XV**, encadrement feuillage et graines, deux planches.

775 — Commode **Louis XV**, à encadrement rinceaux, rocaille, deux planches.

776 — Commode **Louis XV**, chute rocaille et encadrement, deux planches.

777 — Commode **Louis XV**, à grands rinceaux feuilles.

778 — Commode **Louis XV**, poignée Enfants, Guerrier.

779 — Commode **Louis XV**, à encadrement.

780 — Commode **Louis XV**, marqueterie, chute dentelle.

781 — Commode **Louis XV**, chute à peau tirée.

782 — Commode **Louis XV**, chute à coquillages.

783 — Commode **Louis XV**, poignée à écusson.

784 — Commode **Louis XV**, chute à plumes.

785 — Commode **Louis XV**, chute écusson à jours.

786 — Grande Commode **Louis XVI**, marqueterie.
Par Riesener.
Château de Fontainebleau.

787 — Grande Commode **Louis XVI**, entrée amours au cœur et frise à rosaces.

788 — Commode **Louis XVI**, chute à tête de bouc.

789 — Commode **Louis XVI**, frise enfants à couronne.

790 — Commode **Louis XVI**, chute dépouille et tête de lion.

791 — Commode **Louis XVI**, chute à tête de bélier et chute laurier.

792 — Commode-Bureau **Louis XVI**, applique attributs de musique.

793 — Grande Commode **Louis XVI**, à L entrelacés. Trois planches.

794 — Commode **Louis XV, Louis XVI**, terre-plein à vase.

AMEUBLEMENT EMPIRE

795 — Ameublement de chambre à coucher **Empire** :

1° Psyché colonne à Sphynx;

2° Lit pied à sabot et gaine figure de femme;

3° Toilette et Table de nuit avec grandes figures de femme portant des lumières et enfants formant couronnement;

4° Armoire deux corps, à psyché empruntant les divers ornements des meubles ci-dessus.

Cinq planches.

796 — Toilette **Empire**, gaine tête de femme à diadème.

797 — Lit **Empire**, à colonnes, vase pavots et tête de femme.

798 — Lit **Empire**, à bas-relief Amour songeur.

Fondu sur ancien.

799 — Lit **Empire**, bas-relief Chien et Attributs de chasse.

Fondu sur ancien.

800 — Grand Lit **Empire**, applique à pavots.

801 — Table de nuit **Empire**, à pilastre tête de femme et applique Renommée.

802 — Grande **Psyché** à pilastre tête de femme à diadème.

Fondu sur ancien.

803 — Psyché **Empire** à colonne, couronnement aigle.

804 — Décoration de harpe **Empire**, bas-relief enfants à rinceaux.

Fondu sur ancien.

805 — Coffre à bijoux **Empire**, pilastre tête d'Égyptienne bas-relief : Réprimande de l'amour.

GROUPES ET STATUETTES

806 — Figure : **Flore**.

Par MARCELLIN.

N° 1. Haut 0m40.
N° 2. Haut. 0m30.

807 — Groupe : **L'Amour captif.**

Par MARCELLIN.

N° 2. Haut. 0m55.
N° 1. Haut. 0m80.

808 — Statuette : **La Douceur.**

Par MARCELLIN.

N° 1. Haut. 0m70.
N° 2. Haut. 0m55.
N° 3. Haut. 0m40.

809 — Statuette : **Cypris allaitant l'Amour.**

Par MARCELLIN.

Haut. 0m60.

810 — Statuette : **Retour du Printemps.**

Par MARCELLIN.

Haut. 0m32.

PENDULES ET CARTELS

811 — Pendule **Louis XIII,** forme Religieuse, à Renommée.

812 — Grande Pendule **Louis XIV,** à console, Char d'Apollon.

Fondu sur ancien.

813 — Pendule **Louis XIV,** avec console pour marqueterie, Enfant musicien.

Fondu sur ancien.

814 — Pendule **Louis XIV,** à console, applique Enfant lançant une flèche.

Fondu sur ancien.

815 — Grande Pendule **Louis XIV,** avec socle, Char d'Apollon.

Fondu sur ancien.

816 — Socle de pendule **Louis XIV,** à console figures de femme.

Fondu sur ancien.

817 — Grande Pendule **Louis XIV,** à console, fronton à enfant au chœur.

Fondu sur ancien.

818 — Grande **Pendule** à dôme, applique Minerve.

Fondu sur ancien.

819 — Pendule **Louis XIV,** à console, applique enfant et femmes cariatides.

Fondu sur ancien.

820 — Pendule **Louis XV,** avec socle, patins à dragons.

Fondu sur ancien.

821 — Petit Cartel **Louis XV,** Mignonnette.

Fondu sur ancien.

822 — Cartel **Louis XV**, à roseaux,

Fondu sur ancien.

823 — Pendule **Louis XVI**, forme vase, pour ébénisterie.

824 — Pendule **Louis XVI,** Trois Grâces.

Fondu sur ancien.
Fonte seulement.

825 — Pendule **orientale,** pour ébénisterie.

CANDÉLABRES

826 — Candélabre **Empire**, Femme portant un vase, branche griffon.

Fondu sur ancien.

827 — Candélabre **Empire**, Femme portant un vase de fruits.

Fondu sur ancien.

828 — Grand Candélabre **Empire**, à figures de Femme, socle à médaillons.

Fondu sur ancien.

829 — Petit Candélabre **Empire**, à figure de Femme ailée portant deux lumières.

FLAMBEAUX

830 — Flambeau **Louis XV**, uni.

831 — Flambeau **Louis XV**, uni.

832 — Flambeau **Louis XV**.

BRAS DE LUMIÈRES

833 — Bras **Louis XV**, à trois lumières, partie et contre-partie, et branches diverses.

Fondu sur ancien.

834 — Branches **Louis XV**, pour luminaire.

835 — Bras **Louis XVI**, deux lumières, appliques à feuilles et têtes de béliers.

Fondu sur ancien.

836 — Éléments **Louis XVI**, pour bras de lumières à l'électricité.

837 — Petite Applique **Empire**, à deux lumières, Femme portant un vase.

Fondu sur ancien.

838 — Bras de lumières **Empire**, à trois bougies, applique flambeau.

Fondu sur ancien.

CHENETS

839 — Chenets **Régence** Sphynx.

Fondu sur ancien.

840 — Éléments pour chenets **Louis XIV**, à fleurs.

841 — Chenets **Louis XV**, à Enfants Garde à vous.
Figures par Falconnet.

842 — Chenets **Louis XV**, Enfants vendangeurs.
Fondu sur ancien.

843 — Deux Enfants pour Chenets **Louis XV**.

844 — Deux **Lions** pour Chenets.
Fondu sur ancien.

845 — Un gros **Lion** pour Chenet.
Fondu sur ancien.

MONTURES POUR VASES

PORCELAINE OU MARBRERIE

846 — Grande Monture **Louis XV**, pour vase, anse palme et roseaux.

847 — Grande Monture **Louis XV**, à lumières, pour perroquets de Chine.

848 — Monture **Louis XV**, pour gros vase porcelaine, bouton feuille de chêne.
Par Germain.

849 — Monture de Soupière de style **Louis XV**, pied à baguettes.

850 — Grande Monture **Louis XV,** à anse et agrafe à modillon.

Par Ferville-Suan.

851 — Monture **Louis XV,** pour Buire, anse griffon.

852 — Monture **Louis XV,** à lambrequin, pour plat porcelaine.

Par Germain.

853 — Monture **Louis XV,** pour vase, bouton chou à pomme de pin.

854 — Grande Monture **Louis XV,** goulot à modillon et feuilles de chêne.

Par Germain.

855 — Grosse Monture **Louis XV,** pour jardinière ovale.

Par Germain.

856 — Monture **Louis XV,** pour vase, anse à deux rinceaux.

857 — Monture **Louis XV,** pour vase porcelaine, anse tête de faune et jonc.

858 — Monture de vase **Louis XV,** pour porcelaine.

859 — Monture **Louis XV,** pour Buire porcelaine, anse à rinceau double, renversé.

860 — Monture **Louis XV,** pour mortier porphyre, applique feuille de chêne.

861 — Grande Monture **Louis XV,** pour vase, anses à grand enroulement.

862 — Grande Monture **Louis XV**, pour vase carré.

Par Germain.

863 — Monture **Louis XV**, pour vase.

864 — Monture **Louis XV**, pour encrier à plateau de laque.

865 — Monture **Louis XV**, pour encrier à plateau de laque.

866 — Grande Monture **Louis XV**, pour vase porcelaine.

867 — Éléments divers **Louis XV**, pour montures de vases.

868 — Différentes Montures de vases de style **Louis XV**.

869 — Éléments divers **Louis XV**, pour montures de vases.

870 — Différentes Montures de vase de style **Louis XV**.

871 — Grands Éléments **Louis XV**, pieds et collet pour vases.

872 — Monture **Louis XV**, pour soupière du Japon, anses grosses feuilles.

873 — Monture **Louis XVI**, pour vase marbrerie, anse torse, tête de Bacchus.

874 — Monture de vase **Louis XVI**, anse feuilles de sauge.

875 — Monture **Louis XVI**, pour vase, grosse guirlande de chêne.

876 — Monture **Louis XVI**, pour grosse colonne cannelée.

DIVERS

877 — Quatre **Bas-Reliefs.**

Par Jean GOUJON.

878 — Deux Bas-Relief : **Musique et Génie des Arts.**

879 — Christ et Bas-Relief : **Deux Évangélistes.**

880 — Bénitier **Louis XIV.**

Anges.

Statuette de Vierge.

Bas-Relief Vierge et Garniture de Prie-Dieu.

881 — Une Sonnette **Louis XVI.**

Un Bougeoir **Louis XV,** à soleil.

Un Bougeoir **Louis XV,** à enfant.

Sur planche.

882 — Grande Décoration pour piano de style **Renaissance.** Quatre planches.

883 — Garniture de piano de style **Empire**, bas-relief : Orphée et les Muses.

884 — Grand **Reliquaire** à chute Chimère et écusson à couronne.

885 — Deux **Enfants couchés** pour couronnement de grand meuble.

886 — Deux grands Médaillons **Louis XVI :**

Hercule et Cerbère.

Apollon.

Cadre couronnement, nœud de ruban et laurier.

PLANCHES DIVERSES

887 à 940 — Éléments **Louis XIV.**

941 à 980 — Éléments **Louis XV.**

981 à 1020 — Éléments **Louis XVI.**

1021 à 1050 — Éléments **Empire.**

1051 et les suivants. — **Éléments** divers et les différents Objets non compris au présent Catalogue.

ROUX & BRUNET
FABRICANTS DE MEUBLES ET BRONZES
20, rue de la Perle
PARIS

Paris, le 9 Novembre 1896.

M. Beurdeley

Nous avons l'honneur de vous informer que nous ferons procéder : 1° *les* **Mardi 17, Mercredi 18, Jeudi 19 ;** 2° *les* **Mardi 24, Mercredi 25 et Jeudi 26 Novembre 1896,** *à* **deux heures précises de relevée,** *dans nos magasins,* **rue de la Perle, 20,** *par le ministère de* **Mᵉ Frédéric LECOCQ,** *Commissaire-Priseur à Paris, rue Richer, 41,* **à la Vente** *aux enchères publiques avec* **Exposition** *:* 1° *les* **Dimanche 15,** *et* **Lundi 16,** 2° *les* **Dimanche 22** *et* **Lundi 23 Novembre 1896,** *de dix heures du matin à quatre heures du soir, des* **Modèles** *nous appartenant.*

Nous vous offrons un crédit **Illimité** *pour les acquisitions que vous pourrez faire à cette vente.*

LES AVANTAGES DE CE CRÉDIT SONT LES SUIVANTS :

1° *Pour le paiement* **au comptant,** *un* **escompte ;**

2° *Pour le paiement* **à terme** *et au moyen de billets à ordre,* **un délai.**

MONTANT DES ACQUISITIONS

De 200 francs	à 500 francs	—	2 mois	ou 2 %	d'Escompte.
De 501	— à 1,000	—	— 3	— ou 3 %	—
Au-dessus de	1,001	—	— 6	— ou 4 %	—

Veuillez agréer, M ...., *nos salutations empressées.*

Roux & Brunet

AVIS IMPORTANT

Le **réglement** *devra être fait* **au plus tard** *dans la* **huitaine** *et remis le matin de* **9 heures** *à* **midi,** *chez* **Mᵉ F. LECOCQ,** *Commissaire-Priseur, rue Richer, 41, en* **justifiant** *de cette lettre ;* **passé ce délai,** *elle sera considérée* **comme non avenue.** *Les frais de* **cinq pour cent** *sur le montant des adjudications seront payés en* **Espèces.**

www.ingramcontent.com/pod-product-compliance
Ingram Content Group UK Ltd.
Pitfield, Milton Keynes, MK11 3LW, UK
UKHW031943260826
14628UKWH00004B/1811

9 782329 525709